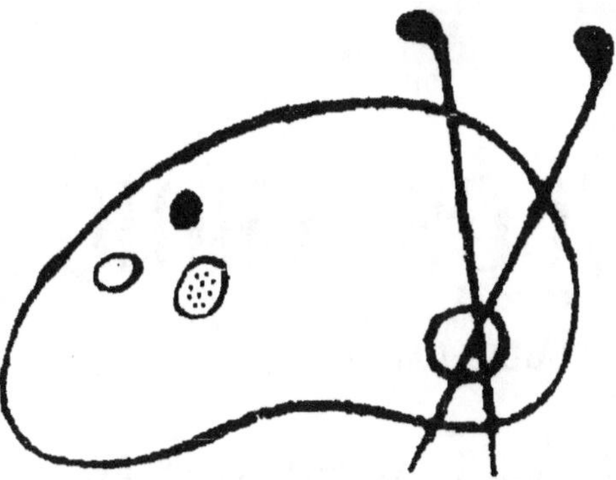

Début d'une série de documents
en couleur

DE L'AUTEUR

DU

STIMULUS AMORIS

PUBLIÉ PARMI LES

OPUSCULES DE SAINT BONAVENTURE

PAR

C. DOUAIS

PROFESSEUR A L'INSTITUT CATHOLIQUE DE TOULOUSE

(Extrait des *Annales de Philosophie chrétienne*)

PARIS

ALPHONSE PICARD, LIBRAIRE-ÉDITEUR

82, RUE BONAPARTE, 82

1885

DU MÊME AUTEUR

10067. — Tours, imp. Rouillé-Ladevèze rue Chaude, 6.

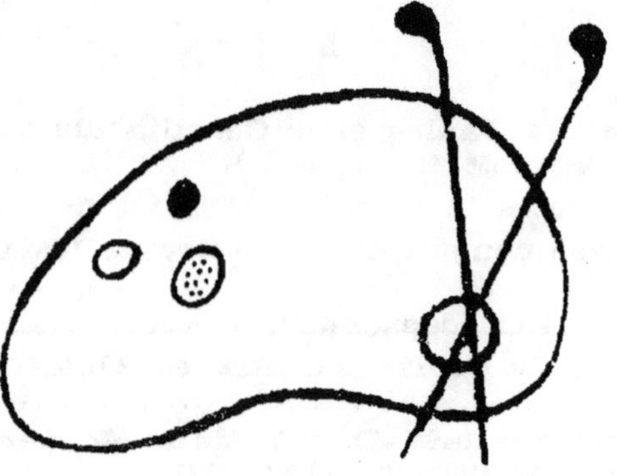

Fin d'une série de documents
en couleur

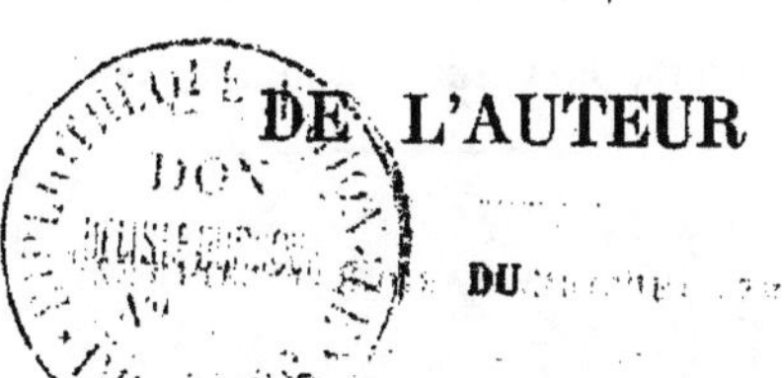

DE L'AUTEUR

DU

STIMULUS AMORIS

TOURS, IMPRIMERIE ROUILLÉ-LADEVÈZE

DE L'AUTEUR

DU

STIMULUS AMORIS

PUBLIÉ PARMI LES

OPUSCULES DE SAINT BONAVENTURE

PAR

C. DOUAIS

PROFESSEUR A L'INSTITUT CATHOLIQUE DE TOULOUSE

(Extrait des *Annales de Philosophie chrétienne*)

PARIS

ALPHONSE PICARD, LIBRAIRE-ÉDITEUR

82, RUE BONAPARTE, 82

1885

DE L'AUTEUR
DU STIMULUS AMORIS

PUBLIÉ PARMI

LES OPUSCULES DE SAINT BONAVENTURE

Au mois de juin dernier (1), je faisais, à la librairie Claudin (2), l'acquisition d'un manuscrit (3) sur lequel je demande la permission d'attirer l'attention des érudits et de tous ceux qui s'occupent de l'histoire littéraire du moyen âge ou s'y intéressent : il est un des rares recueils qui attribuent à Henri de la Balme le *Stimulus amoris*. Ce traité ascétique a jusqu'ici pris place parmi les opuscules de saint Bonaventure : car depuis l'avocat consistorial Octavien de Martini (4), et même, en montant plus haut, depuis Gerson, jusqu'à Casimir Oudin (1722), le Docteur Séraphique en a été assez communément regardé comme l'auteur. La nouvelle édition de ses œuvres dont le premier volume a paru (5), et qui fera certainement honneur au zèle intelligent des frères mineurs de l'Observance, du P. Fidèle de Fanna notamment (6), donne un intérêt réel à la

(1) 1884.

(2) Rue Guénégaud, 3, Paris.

(3) Ce manuscrit avait été annoncé par le catalogue de M. Claudin sous le numéro 81556.

(4) Harangue prononcée par lui le jour de la canonisation de saint Bonaventure, en 1482, et publiée avec les actes de la canonisation. *Sancti Bonaventuræ opera*, Lyon, 1668, t. VII, p. 799, col. 2. — Pour la bibliographie d'Octavien de Martini, voy. M. Chevalier : *Répertoire des sourc. hist. du moyen âge*, col. 1522.

(5) Quaracchi, 1882.

(6) Voyez sa *Ratio novæ collectionis operum omnium S. Bonaventuræ*, Taurini, 1874.

question d'authenticité que ce manuscrit soulève comme naturellement. Du reste, on nous annonce que le *Stimulus amoris* sera publié parmi les *Spuria* de saint Bonaventure (1); le manuscrit, dont le texte est plus correct qu'aucun des textes déjà imprimés, acquiert par là même du prix. En finissant, je dirai brièvement de quelle utilité il me paraît être pour la présente édition.

I

Le manuscrit, hauteur 0m18, largeur 0m12, sur parchemin, d'une bonne exécution et bien conservé, est du xve siècle ; les particularités de l'écriture et des abréviations l'assignent à cette époque ; et l'en-tête du *Prologue* que je vais reproduire à l'instant, en n'appelant pas *saint* le Docteur Séraphique, permet de le placer avant la date de 1482, année de la canonisation de celui-ci. Il a appartenu à la Chartreuse de la Capelle (2), jusqu'au xviie siècle au moins (3) et sans doute plus tard encore. C'est là que probablement il fut exécuté par un chartreux. Il compte 135 folios, et contient trois traités ascétiques dont deux anonymes : 1° *Pia meditatio cujusdam monachi Cisterciensis ordinis de eo quare ibat in Bethléem natum videre Dominum* (4) ; 2° *Corona Beatissime Virginis Marie* (5). Le troisième est attribué au mineur Henri de la Balme par l'en-tête du *Prologue* ainsi conçu : *Incipit prologus in librum qui dicitur Stimulus amoris in pium Ihesum Christum Dominum nostrum quem compilavit frater Henricus de Balma ordinis fratrum minorum quem dicunt aliqui [compilatum per] Bonaventuram ordinis minorum* (6).

Comme on le voit, cet en-tête du *Prologue* porte la trace de la double opinion qui avait déjà cours dans la seconde moitié du xve siècle.

L'opuscule *Stimulus amoris* est-il donc de saint Bonaventure ? Et s'il n'est pas de saint Bonaventure, est-il d'Henri de la Balme ou d'un autre Mineur ?

On ne demande pas de moi que, sous forme de préliminaire,

(1) *Præfat. generalis,* p. XIX.

(2) Appelée aussi Chapelle Notre-Dame, près d'Enghien, diocèse de Namur, Belgique.

(3) L'Ex libris : « Cartusiæ Capellæ » paraît être du xviie siècle.

(4) F° 106 A au f° 123 B.

(5) F° 124 A au f° 135 B.

(6) F° 1 A au f° 105 B.

j'écrive une notice de saint Bonaventure. Le Docteur Séraphique est bien connu ; on me dispense de rappeler même les principaux traits de sa vie. Ce qui est moins connu, c'est l'histoire du *Stimulus amoris* et la double phase par laquelle est passée la question de son authenticité.

Saint Bonaventure jouit, de son vivant, de la plus belle et de la plus flatteuse renommée de savoir. Le XIII° siècle vit en lui l'émule de saint Thomas d'Aquin, et dans la suite son nom grandit encore soit dans la famille franciscaine, soit dans les Universités. Gerson disait de lui : *Nescio si unquam talem doctorem sicut Bonaventuram habuerit studium Parisiense* (1) ; et Luther lui-même l'appelait *præstantissimus vir* (2). Cependant le catalogue de ses nombreux écrits ne commença à être dressé qu'assez longtemps après sa mort. Henri de Gand, mort à Tournay le 29 juin 1293, dix-neuf ans après saint Bonaventure (3), s'occupa le premier, je crois, bien qu'il ne fût pas Mineur, de rechercher les écrits du célèbre maître qu'il avait probablement entendu à Paris. Mais le catalogue bien incomplet qu'il en dressa ne fut qu'un essai, une ébauche : il ne mentionna que quatre traités de saint Bonaventure (4). Un peu plus de cent ans après, en 1399, le franciscain Albizzi augmentait ce catalogue fort réduit de douze autres productions avec ce complément de renseignements vraiment trop vagues : *Et multa alia quibus sua doctrina quam lata fuerit et alia apparet* (5). Vers 1496, Trithème portait jusqu'à trente-six le nombre des écrits de saint Bonaventure, sans prétendre les avoir tous vus ni les nommer tous ; au contraire. En 1540, Marianus, se référant à l'édition de Venise de 1504, en compta jusqu'à soixante-six (6) ; et dans la suite, le nombre des écrits du Docteur Séraphique, que l'on étudiait de plus en plus, s'accrut encore.

(1) Cité par Petit-Radel *Saint Bonaventure,* dans *Hist. litt. de la France,* XIX, p. 269.

(2) *Ibid.*

(3) *Cf.* M. Chevalier, *Répertoire,* c. 1026.

(4) *De script. eccl.* cap XLII : *Bonaventura scripsit in quattuor libros Sententiarum magistri Petri opusculum magnæ subtilitatis, quod sic incipit : Flecto genua mea, etc. Scripsit etiam aliud, quod vocavit Itinerarium mentis ad Deum. Scripsit et de decem præceptis. Respondit etiam breviter calumniis magistri Wilhelmi de Sancto Amore.* Dans Aubertus Miræus, *Bibl. eccl.,* Anvers, 1639, p. 261.

(5) *Conformitas S. Francisci cum Christo,* VIII. Cité par Petit-Radel, *loc. cit.,* p. 275.

(6) *Chron. Ord. Min.* t. II, cap. XXV.

Saint Bonaventure a donc partagé le sort de la plupart des grands écrivains ; aussitôt après sa mort, il ne se trouva personne pour rechercher et rassembler ses œuvres éparses ; on n'y songea que tard relativement, alors que déjà il était assez difficile de les trouver, et que l'authenticité de plusieurs traités, de la plupart même des traités mis en circulation sous son grand nom, devenue incertaine, présentait de graves difficultés et faisait naître de sérieux doutes. Du moins, à en croire les premiers éditeurs du xv⁰ siècle, et même encore ceux du xvii⁰, aucune incertitude n'aurait plané sur l'authenticité du *Stimulus amoris*, regardé par eux comme une des meilleures productions de saint Bonaventure. Chose assez étonnante pour nous : ce traité ascétique attira de fort bonne heure l'attention publique préférablement à baucoup d'autres plus dignes cependant d'être connus ; il eut un réel succès de librairie. Dès 1406, il fut traduit en français (1). En combinant Hain (2) et Brunet, on arrive au chiffre de treize éditions successives faites au xv⁰ siècle, dont six en français ; deux autres éditions furent données plus tard : en tout quinze éditions.

Je les énumère ici.

1. *Stimulus divini amoris s. Pharetra. — Incipit prologus seu epistola domini Bonaventure in libro qui dicitur Stimulus amoris*. Sans date. *Bruxellis, apud Fratres vitæ communis.* N⁰ 3475 dans Hain.

2. *Tractatus devotionis qui dicitur Stimulus amoris editus a sancto bonaventura omnibus Christianis necessarius. — Expliciunt meditationes cujusdam simplicis cordati et pauperculi denudati et contemptibilis, discalciati, sapientissimorum rudissimi, electorum infimi, minorum minimi fratris Bonaventure, vel Johannis de Palma secundum aliquos. — Daventriæ. Inpressura plateæ episcopi.* Deventer, Hollaude, Sans date. N⁰ 3476 dans Hain.

3. *Stimulus divini amoris devotorum cordium in Christi amorem valde incentivus... Expliciunt meditationes seu stimulus divini amoris secundum quosdam a sancto Bonaventura : secundum alios vero a quodam devoto patre Henri de Balma ordinis feraphici (sic) Francisci. (Colon.)* Sans date. N⁰ 3477 dans Hain.

4. *Stimulus divini amoris quem composuit sanctus frater Bonaventura de ordine fratrum Minorum. — Explicit feliciter liber qui dicitur Stimulus divini amoris domini Bona-*

(1) Je reviendrai sur cette traduction plus bas, p. 16 et suiv.
(2) *Repertorium. — S. Bonaventura,* n⁰ 3475 au n⁰ 3480 inclus, et n⁰ 3482.

*venture cardinalis devoti et seraphici sacre theologie pro-
fessoris eximii laudabiliter correctus et noviter emendatus
ac Antwerpie juxta aureum mortareum impressus. Laus Deo.*
Sans date. N° 3478 dans Hain.

5. *Stimulus divini amoris devotissimus a sancto Johanne
Bonaventure editus correctus per Magistrum Johannem
quentin canonicum et penitentiarium Parisiensem..., pari-
sius impressus Impensisque Georgii Mittelhus, anno Domi-
nice incarnationis Millesimo CCCC. XCIII. Mense aprilis
die III.* N° 3480 dans Hain.

6. *Stimulus divini amoris.* Paris, 1490, petit in-8°, 168 ff.
Impensis Gregorii Mittelhusi. N° 3470 dans Hain. Edition mentionnée par Brunet.

7. *S. Bonaventuræ opuscula.* Strasbourg, 1495 (1).

8. *L'aiguillon de l'amour divin de saint Bonaventure,* traduit par Jean Gerson. Paris, Pierre Caron, 1474. N° 3482 dans Hain.

9. *Laguillon damour divine... imprime a Paris par Pierre
le Caron demourant en la rue de quimqampoit a lenseigne de
la Croix Blanche le xxij jour davril mil : ccccxxxx et xiiij
apres Pasques.* Petit in-4. goth. de 103 ff. D'après Brunet, Du
Verdier, art. *Gerson,* met cette édition sous la date de 1454 ; La
Caille, *Histoire de l'imprimerie,* p. 61, a lu 1474, et Brunet 1494.

10. *L'aiguillon d'amour divine.* Sans date, mais de la fin du
xvᵉ siècle, petit in-4. de LXXXXIX ff., cité dans le *Catalogue des
livres imprimés sur vélin de la Bibliothèque du roy,* I, n° 431
Au second f°, on lit le sommaire suivant : *Cy commence le prologue
de laguillon damour divine fait par le docteur seraphic saint
Bonaventure, et translate de latin en françoys par de bonne
mémoire Jehan Gerson.*

11. Le *Catalogue des livres imprimés sur vélin de la Bibliothèque du roy* cite, n° 432, une autre édition, petit in-4°,
également de 99 ff. et de la même époque. Brunet pensait que
cette édition et l'édition précédente ont beaucoup de rapport.

12. *Laiguillon damour divine (trad. du latin de S. Bonaventure par Jehan Gerson).* Sans date ni lieu. Petit in-4°, goth.
de 126 ff. « Edition de la fin du xvᵉ siècle, dit Brunet, et probablement antérieure à celles qui ont un moins grand nombre de ff. »

13. *Laguillon damour divine.* Dernier f° : *Cy finist lesguillon damour divine imprime a paris par michiel le noir demourant sur le pont sainct michiel le viij jour doctobre mil
cccc quatre vingt et xix.* Petit in-4 goth. de 100 ff. Au deuxième
f° : *Cy commence le prologue de laguillon damour divine fait
par le docteur seraphic saint Bonaventure, et translate de
latin en françoys par de bonne memoire maistre Jehan Ger-*

<hr>

(1) Oudin, *Comment.,* III, 423. Ed. non mentionnée par Hain ni par Brunet.

*son à l'instruction de sa sœur ou de sa fille de confession.
A laquelle est adressé ce prologue et la dite translation.*

14. Brunet mentionne une édition du *Stimulus amoris* séparé du reste des œuvres de saint Bonaventure, et traduit en français du xvie siècle : *Lesguillon damour divin*. Paris, Pierre Sergent, le vij juillet M. D. xlj, in-4° goth. lxxxvj ff. chiffrés.

15. En 1730, Godel donna une nouvelle traduction et une nouvelle édition du *Stimulus amoris*, qu'il continua à attribuer à saint Bonaventure malgré la vigoureuse critique d'Oudin.

Chacune de ces éditions mit l'opuscule ascétique sous le nom de saint Bonaventure, deux avec doute ; quatre des éditions en français en attribuèrent la traduction au chancelier Gerson.

Les éditeurs des *Opera omnia* furent à peu près unanimes à voir également dans saint Bonaventure l'auteur du *Stimulus amoris*. On ne tarda pas, en effet, après la découverte de l'imprimerie, à s'occuper de publier les *Opera omnia* de l'éminent scolastique. Mais on n'arriva pas du premier coup à donner une édition même à peu près complète. Neuf essais successifs s'échelonnent entre les années 1482 et 1864 ; puisse la dixième déjà commencée être l'édition définitive.

Je les énumère ici.

1. Strasbourg, 1482, année de la canonisation de saint Bonaventure, 1 vol. in-f°.

2. Venise, 1504, 2 vol.

3. Venise, 1563. Édition plus complète que chacune des deux précédentes et due aux soins de Zomara, général des Frères Prêcheurs ; elle donna soixante-neuf opuscules, au nombre desquels était le *Stimulus amoris*.

4. Rome, 1586-1596, 7 vol in-f°. Édition dite de Sixte-Quint, parce que ce pape, auparavant cordelier, la plaça sous son haut patronahe et la confia aux presses du Vatican, par la bulle *Triumphantis Hierusalem*. Typographiquement, cette édition est très belle. Au point de vue de la critique du texte, elle est bien supérieure aux éditions précédentes : les éditeurs y apportèrent du soin. Ainsi dans la *Préface au lecteur*, François Lamata disait : *Operæ pretium fuit, ut cum aliis ejusdem operibus, ordine disposita, emendata, aucta et illustrata ex Typographia Vaticana prodirent. Itaque hæc mihi ab illustrissimis Dominis Cardinalibus Typographiæ Vaticanæ congregationi præfectis cura commissa est, ut conquisitis undique tam impressis, quam manuscriptis exemplaribus, eisque diligenter collatis ad S. Bonaventuræ opuscula restituenda et ornanda omni studio incumberem. Jussis obtemperavi, ut postulat officii ratio ; sed ob tenuem facultatem meam difficile penitus fuit jubentium animo pro dignitate satisfacere.*

Le xive siècle n'avait pas nos exigences de critique. Il regarda cette édition comme une œuvre de science sûre. Les *opuscules* s'élevèrent dans cette édition au nombre de soixante-quatorze. L'avertissement placé avant le *Stimulus amoris* disait : *Cujus editio longe copiosior ac integrior est ea, quæ omnium ultima Venetiis prodiit.* L'éditeur n'hésita pas à le regarder comme de saint Bonaventure, en s'appuyant sur le témoignage assez récent de Trithème (+ 1516), qui avait mis sous le nom du Docteur Séraphique un traité auquel, à la vérité, il avait donné le titre de *De passione Domini*, mais qu'il disait être divisé en trois livres comme le *Stimulus amoris* et commencer comme celui-ci, par ces mots : *Currite, gentes, undique.*

5. Mayence, 1609. Édition conforme à celle de Rome.

6. Venise, 1611. Cette édition donna soixante-treize opuscules et non soixante-quatorze comme celle de Rome, pour que le nombre des opuscules « fût précisément égal à celui des opuscules que les Frères Prêcheurs attribuaient à saint Thomas (1). »

7. Lyon, 1668. Édition conforme à celle de Rome.

8. Venise, 1751-1756, 13 vol. Cette édition faite par les membres de l'ordre de Saint-François fut comme une réaction à celle de Rome, qui jusque là avait régné en souveraine. Des treize volumes qu'elle comptait, cinq seulement étaient donnés comme œuvres certaines de saint Bonaventure ; les huit derniers volumes contenaient les traités d'une authenticité douteuse, et supposés. Le *Stimulus amoris* fut placé parmi les traités supposés.

9. Paris, 1864, Vivès. Cette édition préparée par M. Peltier es une reproduction mauvaise de l'édition de Venise de 1751.

Les éditions qui jusqu'ici se sont disputé l'honneur de donner un vrai saint Bonaventure sont donc celle de Rome, commencée en 1586, et celle de Venise, dont le premier volume parut en 1751. Celle-ci réagit vigoureusement contre la première et marqua dans la critique un revirement assez profond. Comment fut-il amené ? A qui fut-il dû ?

II

Il fut dû à Casimir Oudin (1722). Il se produisit donc assez tard. Il se prépara lentement. De longtemps, personne, ce semble, ne songea même à refuser à saint Bonaventure la paternité du *Stimulus amoris*. Les éditeurs du xve siècle formèrent, j'imagine, l'opinion des bibliographes. Au commencement du xvie, le bénédictin Trithème le lui attribua dans la forme

____

(1) Petit-Radel, *Saint Bonaventure*, dans *Hist. litt. de la France*, xix, p. 276.

adoucie que les éditeurs de Rome exposèrent, et l'article consacré par lui à saint Bonaventure, fut placé en tête de l'édition de Rome comme un guide sûr. Possevin fit de même ; et Bellarmin donna la nomenclature des écrits de l'auteur du *Breviloquium* d'après l'édition de Rome (1).

On comprit cependant et on admit d'assez bonne heure que l'édition dite de Sixte-Quint laissait à désirer sous le rapport de la correction du texte. Il est certain qu'on y trouve des passages entiers inintelligibles, tant la langue est viciée. Ainsi, dès 1616, le P. Pierre (*Petrus Trigosus*), capucin, écrivait à propos de la première question du prologue du *Commentaire des Sentences* laissé par saint Bonaventure : *Omnia exemplaria quæ ego vidi, sunt mendosa, quod frequenter inveni in isto Seraphico Doctore. Et valde doleo, quod tantus Doctor scateat mendis, quod nescio quibus sit imputandum. Ejus tamen opera emendata et aucta fel. record. Sixti V, P. M., jussu valde desiderantur* (2). Toutefois l'édition de Rome ne cessa d'être demandée et recherchée, non pas à défaut d'une édition meilleure, mais parce qu'on la crut et qu'on la regarda, au xviie siècle, sinon sans défaut, du moins suffisamment bonne.

La preuve, c'est l'opinion de Wadding, qui s'éloigna fort peu de la pensée des éditeurs de Rome, et d'Ellies Dupin, un esprit plutôt hardi que timide, qui s'en tint à l'édition de Rome (3) ; c'est aussi l'étonnement et le mécontentement très vif que, en 1722, l'étude critique de Casimir Oudin produisit un peu partout, et surtout dans les couvents des fils de saint François (4).

Effectivement, Oudin mena sa critique avec une vigueur extrême, et sur quelques points poussa la rigueur jusqu'à l'injustice. Cependant les éditeurs de 1751 adoptèrent ses conclusions, non sans déplaire toutefois au P. Jean de Molina, général de l'Ordre, qui les reprit de s'être laissés tromper par lui et qui confia au P. Benoît Bonelli le soin de réfuter ses raisons hypercritiques. Oudin, en effet, avait extrêmement réduit le nombre des écrits authentiques de saint Bonaventure. Je n'ai à m'occuper ici que de l'opuscule *Stimulus amoris*. Du premier coup

(1) Possevinus, *Appar. Sac.*, S. *Bonaventura*. — Bellarminus, *De script. eccl.*, Lyon, 1675, p. 329.

(2) *Sum. theolog. S. Bonaventuræ*, Lugduni, 1616, p. 18.

(3) *Nouv. biblioth.*, t. X, p. 75-76.

(4) Oudin, *Comment.* t. III, col. 482, 423. — Sbaralea, *Supplementum.* —Bonellus, *Prodromus ad op. om. S. Bonaventure.* — Fidelis de Fanna. *Rat. nov. collect.*, pag. 25 et suiv. Turin, 1874.

et avec une parfaite décision, Oudin l'écarta, parce qu'il en trouvait le style indigne de l'ancien professeur à l'Université de Paris : proli<ité, expressions absurdes et niaises, comparaisons basses, voilà les défauts qui défrayèrent son impitoyable critique (1).

Que penser des raisons qui amenèrent Oudin à enlever à saint Bonaventure la paternité du *Stimulus amoris* ?

Ce livre paraît avoir été demandé à l'auteur ; il appelle *Frater carissime* celui auquel il s'adresse. Le prologue en fait ainsi connaître l'objet : *Liber iste, qui Stimulus amoris in dulcissimum et pium Jhesum Salvatorem nostrum non incongrue potest dici, in tres dividitur partes, in quarum prima de Christi gloriosissima passione agitur, videlicet quomodo homo libenter ipsam passionem meditari debet, et quam sit utilis ejus meditatio, et quam libenter homo uti debet ad compaciendum Domino Jhesu Christo crucifixo, et alia plura que circa ipsam passionem considerari possunt. In secunda vero parte de his que ad contemplationem dispositiva sunt tractatur, videlicet qualiter homo possit amplius proficere et magis Deo placere, qualiterque ordinatus esse debeat ad Dominum, ad se, et ad proximum, et alia plura que ad ipsam contemplationem dispositiva et inductiva sunt. In tertia vero et ultima parte de ipsa contemplationis quiete prosequitur, videlicet que inducunt hominem ad contemplationis quietem, et quam gloriosum sit se mutari in Deum, qualiterque mutetur homo in Deum ; et alia plura que ad ipsius contemplationis quietem pervenire cupientibus perutilia ac necessaria sunt (2).*

Je reconnais de suite qu'on peut accepter le fondement principal des raisons pour lesquelles Oudin écarta ce traité des œuvres de saint Bonaventure ; je crois même qu'on peut ajouter à ses arguments d'autres arguments non moins fondés.

N'oublions pas que mon manuscrit attribue le *Stimulus amoris* à Henri de la Balme. Or, entre saint Bonaventure, mort en 1274, et Henri de la Balme, mort en 1439, cent-soixante-cinq ans s'écoulèrent. Comment admettre que, si vraiment saint Bonaventure est l'auteur du *Stimulus amoris*, Henri de la Balme ait pu si aisément dépouiller de son bien un écrivain aussi considérable, surtout quand on sait qu'en 1406 ce traité fut traduit en français comme étant de saint Bonaventure (3) ? On

(1) *Comment.*, III, col. 422, 423, 424.

(2) Ms, f° 1.

(3) Moland et Ch. d'Héricault, le *Livre de l'internelle consolation*, Introd. p. L., p. LI.

comprend plus aisément, au contraire, qu'un écrit de Henri de la Balme, ou de tout autre fils de saint François rappelant la plume pieuse de saint Bonaventure, ait été regardé comme composé par lui. Cette attribution au Docteur Séraphique fut chose facile et assez naturelle en un sens. Le maître en philosophie, en théologie, en ascétisme, que l'ordre de Saint-François suivit de préférence à tout autre et toujours, avant sa division comme après sa division en Frères Mineurs de l'Observance, Frères Mineurs Conventuels, et Frères Capucins, ce fut saint Bonaventure, de même que chez les Frères Prêcheurs, saint Thomas prit et garda le sceptre de l'enseignement (1). Durant le xive et le xve siècle, ses écrits ascétiques furent même plus recherchés et plus goûtés que ses écrits philosophiques et théologiques, en cours seulement dans les écoles : l'ordre de Saint-François aima très particulièrement à s'abreuver à ces sources séraphiques. Certaines ressemblances dans le ton général, dans les principes ascétiques et dans les développements pieux s'expliquent d'elles-mêmes et ont pu suffire pour attribuer à saint Bonaventure des écrits qui le rappellent. Au contraire, les différences dans le style, dans les procédés d'écrivain, dans la force de la pensée, etc., sont ici un critérium sûr. De fait, quand on lit avec attention, au point de vue qui nous occupe, les compositions très certainement authentiques de saint Bonaventure et le *Stimulus amoris*, on reconnaît bien vite que celui qui parle dans le *Stimulus amoris* n'est plus celui qui parlait tout à l'heure dans l'*Itinerarium mentis ad Deum*, par exemple. Le style de saint Bonaventure a de la décision, de la rapidité, de l'élégance même ; l'allure en est souvent vive et le tour délicat ; presque chaque page de ses compositions ascétiques porte l'empreinte d'une nature affectueuse, d'un esprit élevé, d'une âme soulevée sans cesse par des élans divins qui brisent parfois l'enveloppe étroite des mots incapables de les exprimer. Les effusions d'une piété tendre pour le Sauveur des hommes sont toujours rendues dans un langage sobre, distingué, d'où toute vulgarité est exclue.

Dans saint Bonaventure la pensée est nourrie ; il y a beaucoup de substance à prendre ; elle s'avance non sans majesté, s'appuyant sur l'Écriture, sur l'érudition patristique et sur les principes de la philosophie péripatéticienne. Saint Bonaventure

(1) Douais, *Essai sur l'organisation des études dans l'Ordre des Frères prêcheurs, au xiiie et au xive siècle. — Pierre Lombard et saint Thomas dans les écoles dominicaines*, pp. 87 et suiv. Paris, librairie Picard, 1884.

est un érudit à un degré plus avancé qu'on ne le croit communément. L'en-tête du *Pharetra*, regardé comme authentique par Sbaralea et Bonelli, donne la liste des auteurs des extraits desquels ce traité se compose : cette liste est fort longue. Dans chacun des autres traités ou opuscules, l'érudition est certainement considérable ; pour en acquérir la certitude, on n'a qu'à jeter un coup d'œil sur les marges de l'édition de Rome, où les noms des auteurs cités sont relevés avec soin. Saint Bonaventure puise surtout dans l'Écriture. Comme Humbert de Romans dans la famille dominicaine, il continue au xiii° siècle, dans la famille franciscaine, la tradition des anciens Pères, des Ambroise, des Augustin, des Grégoire et des écrivains plus rapprochés, comme saint Bernard, qui, ayant vécu dans un commerce constant, habituel, journalier avec la sainte Écriture, n'écrivent et ne parlent, ce semble, que par elle. Ajoutez que saint Bonaventure appartient à la famille des grands penseurs : c'est un esprit réfléchi et profond, dont la pensée est forte, vigoureuse, à la manière des scolastiques, parmi lesquels il occupe un des premiers rangs, et d'Aristote, leur maître commun, dont ils prennent souvent le langage net et concis.

Or, dans le *Stimulus amoris*, la plupart de ces qualités font défaut, et celles qu'on y trouve n'y sont pas au même degré. Chose assurément étonnante, l'Écriture est à peine citée dans ce traité tout mystique. Les développements d'une piété qui aime à se répéter ont des longueurs fatigantes. Du reste, le mot manque souvent de netteté, parfois, la phrase sent l'embarras ; l'ensemble est diffus. Par exemple, cette complaisance amoureuse à demander à Jésus-Christ d'être blessé comme lui, d'entrer dans ses plaies sanglantes, d'être couvert d'opprobres et même d'ulcères des pieds à la tête ; cette sorte de coquetterie mignarde dans l'expression des plaintes de l'âme pieuse qui redoute le retardement ou même le refus d'une telle grâce, ne laissent pas d'être légèrement fades. Si le sentiment n'était de ceux qui imposent le respect, on serait souvent tenté de trouver enfantines ou même ridicules, si souvent elles reviennent, ces exclamations complaisantes d'une dévotion mielleuse, qui ne supportent pas la lecture, parce qu'elles manquent de force.

On ne reconnaît plus là l'esprit viril de saint Bonaventure.

La pensée n'est pas exacte, au moins une fois. Saint Bonaventure n'eût pas dit sans autre, ce semble : *Christo in matrimonium jungimur* (1).

(1) Ms. f° 14 A. Ed. de Lyon, t. VII, p. 198.

Enfin un certain air trivial règne dans le *Stimulus amoris*. Je cite un seul exemple. L'auteur supplic la sainte Vierge de lui obtenir la grâce de partager ses souffrances au Calvaire, et d'avoir comme elle le cœur percé du glaive des douleurs ; et craignant de ne pas l'obtenir, il s'écrie avec impatience : « Je ne vous demande, ô Reine, ni le soleil, ni les astres, mais des blessures (1). » Ainsi nous disons familièrement à quelqu'un pour stimulant ou par manière de jeu : « Cependant, je ne vous demande pas la lune. »

Ces différentes raisons m'amènent à conclure que le Docteur Séraphique ne peut être regardé comme l'auteur du *Stimulus amoris*. Au fond, elles sont les mêmes que celles pour lesquelles les éditeurs de Rome écartèrent de ses œuvres authentiques le *Liber de theologia mystica : Stylus vero non esse Bonaventuræ persuadet : est enim sanctus is doctor concisus quidem, sed quantum fieri potest in brevitate perspicuus. At vero tractatus iste diffusus est et obscurus* (2).

Depuis Oudin, les critiques les plus exercés, comme Sbaralea, ou les moins disposés à accepter ses raisons, comme Bonelli, n'ont pas hésité à placer le *Stimulus amoris* parmi les *Spuria* (3), et c'est à ce titre qu'il entrera dans l'édition nouvelle des œuvres de saint Bonaventure (4). Je ne trouve plus que MM. L. Moland et Ch. d'Héricault qui rejettent cette conclusion. Je les cite : « Les plus beaux livres de ce docteur (saint Bonaventure), disent-ils, la *Collatio de contemptu mundi*, le *Soliloquium*, l'*Itinerarium mentis ad Deum*, restèrent au moyen âge sous leur forme latine ; nous n'en connaissons pas du moins de traduction ancienne. La littérature laïque donna la préférence au *Stimulus amoris* et aux *Meditationes vitæ Christi*. Ces deux ouvrages, qu'une critique peu judicieuse, selon nous, a contestés à saint Bonaventure, entraient mieux dans les idées communes, dans le sentiment et le goût de l'époque ; ils développent l'un et l'autre la grande thèse de l'ascétisme pratique : on doit chercher dans la vie et la passion du Christ, pour employer le langage du temps, « le souverain exemplaire de « toutes les vertus, l'accomplissement de tous les commande- « ments de la loi et la clef de toutes les perfections ; » il faut, en

(1) Ms. f° 10 B. Ed. de Lyon, t. VII, p. 196.
(2) Ed. de Lyon, t. VII, p. 657.
(3) Félix de Fanna, *Ratio nou. coll.*, p. 34.
(4) *Introduct. gener*, p. XIX.

un mot, que l'âme chrétienne soit *transformée en crucifix*, suivant l'énergique expression du traducteur du *Stimulus amoris.* »

On trouve, en effet, dans le *Stimulus amoris* quelques traits qui ne sont pas indignes de saint Bonaventure. Mais ces quelques traits heureux n'effacent point l'impression de l'ensemble ; le reproche que MM. L. Moland et Ch. d'Héricault adressent à la critique du xviiie siècle se retourne contre eux-mêmes.

III

Si saint Bonaventure n'est pas l'auteur du *Stimulus amoris*, faut-il, avec le manuscrit que j'ai en main, attribuer ce traité à Henri de la Balme ?

Henri de la Balme n'a jamais joui de la renommée du Docteur Séraphique, bien certainement ; cependant il fut, à son époque, un des principaux membres de la famille franciscaine : car, en un sens, sa vie se confondit avec celle d'une sainte fort illustre, sainte Colette. Né au petit hameau de la Balme en Bourgogne, dans le dernier tiers du xive siècle, il connut de bonne heure sainte Colette (1381-1447) (1), qu'il aida dans l'œuvre délicate de la réforme des trois ordres de Saint-François, et qui lui survécut de huit ans, puisqu'il mourut en 1439, à Besançon. Wadding, qui commença en 1625 la publication de ses *Annales Minorum*, le représentait comme un religieux très versé dans les voies de la perfection (2). Après sa mort, on ne cessa dans les couvents de Saint-François de voir en lui le prudent directeur d'une sainte éminente et favorisée d'une vocation très spéciale. Qu'il ait composé quelque ouvrage d'ascétisme, rien de plus naturel ; et en principe nous pouvons admettre que sa plume ne resta pas oisive. Mais à ce sujet, l'indécision règne parmi les critiques. Wadding, par exemple, ne mentionne d'autre écrit de Henri de la Balme que des mémoires sur la vie de sainte Colette, mémoires dont l'existence aurait été surnaturellement révélée à la sainte et que celle-ci lui aurait expressément demandé de détruire. Wadding ne tint donc nul compte de l'opinion de Possevin, qui, dans l'*Apparatus sacer* paru en 1608, dix-sept ans avant les *Annales Mino-*

(1) Pour la bibliogr. de sainte Colette et d'Henri de la Balme, voy. Ul. Chevalier, *Répertoire*, col. 475 et 1016.

(2) Ad annum 1380.

rum, lui avait attribué plusieurs écrits ascétiques, des *Méditations* pour avant et après la messe, des *Méditations* pour chacune des principales actions de la journée, et un *Liber de theologia mystica*, placé par les éditeurs de Rome à la suite des
opuscules de saint Bonaventure (1). Il ne tint pas davantage
compte de l'opinion de ceux-ci, qui avaient imprimé cet en-tête
du *Prologue : Incipit mystica theologia Doctoris Seraphici
sancti Bonaventuræ, ordinis Minorum, a quibusdam ascripta
Henrico de Balma ; a pluribus tamen ascribitur S. Bonaventuræ* (2). Durant le xviiᵉ siècle, Henri de la Balme tomba,
comme auteur, dans l'oubli. Bellarmin, dont les études à ce
point de vue furent du reste si incomplètes, ne lui fit pas
l'honneur d'une simple mention parmi les auteurs ecclésiastiques. Mais au xviiiᵉ siècle, la critique devint plus attentive ;
Cave, Oudin, Fabricius n'eurent garde de renouveler un tel
oubli. Après Possevin, Cave, sans entrer toutefois dans aucun
débat critique, reconnut dans Henri de la Balme l'auteur du
Liber de mystica theologia (3). Oudin s'enquit plus à fond des
ouvrages laissés par le directeur de sainte Colette. Mais son
examen critique porta surtout sur le *Liber de mystica theologia*, dont il avait vu trois manuscrits et qu'il lui attribua (4).
Précédemment, dans l'article critique consacré au *Stimulus
amoris*, il avait émis l'avis qu'il était sorti de l'ordre franciscain (5) ; cependant il ne se posa même pas la question si Henri
de la Balme ne serait point le fils de saint François auteur du
Stimulus amoris. Peu d'années après, en 1734, Fabricius se
borna à consigner la divergence des opinions, tout en incli-
nant visiblement pour Henri de la Balme (6). Ainsi ni Cave,
ni Oudin, ni Fabricius ne discutèrent l'opinion des éditeurs de
Rome, qui virent un chartreux dans l'auteur de la *Théologie
mystique : « Ab aliquo Carthusiensi*, disaient-ils, *compositum
opusculum videtur, et, quibusdam immutatis et auctis, illud
S. Bonaventuræ ascriptum* (7). » Je reviendrai tout à l'heure

(1) *App. sac.*, I, 731.
(2) Dans l'éd. de Lyon, t. VII, 657.
(3) *Script. eccl. Hist. litt.*, p. 77, Genève, 1705.
(4) *Comment.*, t. III, col. 2241.
(5) « Quid absurdius potest excogitari expressionibus ejusmodi, quæ hujus
libri scriptorem extaticum aliquem Franciscanum produnt, sed divi Bonaventuræ gravitatem nullatenus referunt » *Comment.*, III, col. 129. (?)
(6) *Bibl. med. et inf. latin.* I, 447.
(7) Ed. de Lyon, t. VII, 657.

sur cette opinion pour la discuter, comme aussi je reviendrai sur la conclusion des critiques du XVIIIe siècle, pour examiner si elle ne fournirait pas des lumières dans le débat ouvert sur l'auteur du *Stimulus amoris*.

Est-il donc possible de mettre un terme à l'indécision des critiques?

D'abord nous obtiendrons un résultat très appréciable, ce semble, si nous pouvons déterminer le milieu qui a produit ce traité ascétique. Oudin le regardait comme sorti d'un couvent de Saint-François: ce sentiment paraît fondé. Les éditeurs de Rome imprimèrent en tête du *Stimulus amoris* deux *Prologues* d'après des manuscrits déjà un peu anciens. Ni l'un ni l'autre de ces deux *Prologues* n'est donné par mon manuscrit: peut-être pourrait-on, en s'appuyant sur les différences de style avec le corps de l'ouvrage, contester leur authenticité; je ne la défendrai pas. Mais ils portent, le premier du moins, la trace d'une tradition courante dans l'ordre de Saint-François, au moment où ils furent introduits dans le texte original. Évidemment, cette tradition remontait plus haut. A ce point de vue, leur témoignage peut être retenu; s'ils ne sont pas du même auteur que le *Stimulus amoris*, ils reproduisent du moins l'opinion en cours d'assez bonne heure, que ce traité sortit d'un couvent de Mineurs. On lit, en effet, dans le premier de ces deux *Prologues* ces mots significatifs par lesquels l'auteur adresse son écrit à celui de ses frères en religion qui le lui a demandé: *Tu autem, frater mi Joannes de Ordine Fratrum Minorum, qui Eucharistius appellaris, accipe munusculum quod a me indigno sæpe tua humilitas postulavit, nec irridens meam ignorantiam, sed potius mihi parvulo balbutienti, et infantilibus arrubus gestienti, sicut pia mater arride* (1). Celui qui parle ainsi se présente non comme le copiste duquel Eucharistius aurait demandé un exemplaire du *Stimulus amoris*, mais comme l'auteur même du traité. Eucharistius est mineur; il est mineur lui-même et encore dans la première jeunesse. Si Henri de la Balme est celui qui parle ici, il a composé ce traité à la fin du XIVe siècle ou au commencement du XVe.

Le traité remonte-t-il à cette époque? Après avoir déterminé le milieu qui l'a produit, pouvons-nous en fixer la date? Il appartient certainement à une période de décadence. La langue,

(1) Éd. de Lyon, t. VII, p. 192.

je l'ai déjà fait remarquer, n'est ni vigoureuse, ni correcte, ni sobre comme celle du xiiie siècle. Les scolastiques, même les plus grands, avaient bien sans doute comme deux langues, celle des écrits philosophiques ou théologiques, et celle des compositions ascétiques ; mais la seconde n'égala jamais la première en précision et en netteté, parce que le sentiment et non le raisonnement didactique plus consistant inspira les écrits pieux. On sent pourtant que l'auteur des uns comme des autres appartenait à une grande époque. Nul n'ignore que l'époque du moyen âge qui jeta l'éclat le plus vif et qui produisit des œuvres durables, immortelles, commença sous Innocent III et finit sous le pontificat de Jean XXII, ou à peu près. Alors s'ouvrit une période de décadence intellectuelle ; elle dura un siècle et demi, et s'aggrava avec le grand schisme d'Occident. Les légistes, en tout temps habiles dans l'art d'épiloguer, y remplirent le rôle et la place des théologiens de génie du siècle précédent ; et le grand ascétisme chrétien, vigoureux, solide, substantiel et calme, fut remplacé par une sentimentalité nerveuse qui s'exprima dans une langue diffuse, vulgaire, ou même trop familière, qui se plut à se répéter, mais sans profit pour l'esprit ni pour le cœur, pour nous du moins. Sans doute, les chrétiens de la fin du xive siècle et ceux du xve y trouvaient beaucoup à prendre, ou tout au moins une nourriture suffisante ; et c'est un des traits dominants de cette époque de transition où les esprits n'étaient point encore mûrs pour une restauration virile des préceptes chrétiens. Le *Stimulus amoris* date de cette époque de décadence. Il présente tous les caractères que je viens de noter. Qu'on le lise avec attention, on le reconnaîtra sans peine. Maintenant, est-il des premières années de cette période de décadence ou des dernières ? On ne peut, je crois, se refuser à le regarder comme étant des premières. La langue en est meilleure qu'au temps barbare du concile de Constance et du concile de Bâle ; et, ceci est décisif, il fut traduit en français en 1406 ; et le traducteur, pour justifier son dessein, constata qu'il était déjà depuis longtemps connu avec avantage et lu avec profit. Il faut donc en placer la composition dans le xive siècle, probablement à un moment où Henri de la Balme n'était pas né ou était trop jeune pour se livrer à une composition ascétique destinée au grand public chrétien.

La traduction du *Stimulus amoris* en 1406 a ici une importance capitale. Les éditeurs de la fin du xve siècle la publièrent comme étant de Gerson ; et il paraît bien certain, malgré les hésitations de deux éditeurs (1), que Gerson attribuait l'ouvrage lui-même à saint Bonaventure. Le célèbre chancelier n'aurait-il été que l'inspirateur de cette traduction, que le nom de Henri de la Balme devrait être exclu des auteurs probables ou même possibles du *Stimulus amoris* : car Gerson, qui professait une estime toute particulière pour saint Bonaventure, et qui, du reste, recherchait, ainsi que ses contemporains, les écrits capables d'exciter fortement la piété, ne se serait pas mépris au point de prendre une composition de Henri de la Balme pour une composition de saint Bonaventure. Sans doute, le *Stimulus amoris*, dans le cas où il aurait été composé par Henri de la Balme, au temps de sa première jeunesse, vers 1380, peut avoir été mis en circulation sans nom d'auteur : au xiv° siècle, on gardait assez souvent l'anonyme. On aura su seulement qu'il sortait de la famille de saint François, et on l'aura cru de saint Bonaventure ; j'ai déjà dit pourquoi. Cependant cette confusion si prématurée me paraît peu admissible. Si Gerson a traduit ou fait traduire le *Stimulus amoris* comme étant de saint Bonaventure, on n'en conclura pas que saint Bonaventure en est l'auteur, mais on rejettera très légitimement le nom de Henri de la Balme.

Gerson a-t-il donc traduit le *Stimulus amoris* en 1406? Je réponds de suite : non. Assurément, la traduction d'un tel traité était dans les goûts du temps et du chancelier lui-même. Le xv° siècle si divisé, si tourmenté, si mal assis, chercha une lumière, une consolation, un appui dans les compositions pieuses d'un genre alors nouveau, celles qui, par l'exposé des douleurs de la Passion, réveillaient, entretenaient, nourrissaient le sentiment chrétien, et élevaient les cœurs troublés par le triste spectacle des divisions des chefs ecclésiastiques jusqu'au Sauveur lui-même, attristé lui aussi et désireux de voir les fidèles partager sa souffrance. Il est remarquable que le *Stimulus amoris* ait été si recherché à la fin du xiv° siècle et que sa traduction en français ait eu de si nombreuses éditions aux premières années de l'imprimerie. Mais c'est le cas d'appliquer aux éditions qui l'attribuent à Gerson l'adage : *testis unus, testis nullus.* Il n'y a ici qu'un seul témoin, parce qu'il n'y eut qu'une seule source. Depuis, tous ceux qui se sont occupés de Gerson, soit comme éditeurs, soit comme critiques,

____

(1) Plus haut, pag. 4, n° 2 et n° 3.

n'ont pas même discuté l'hypothèse de Gerson traducteur du *Stimulus amoris*; ainsi Jean Geiler, qui prépara l'édition de Strasbourg de 1488; Jacques Wimpelingius, qui fit l'édition de Spire, en 1499; Edmond Richer qui, en 1606, donna la troisième édition de ses œuvres; et Ellies Dupin, auquel nous devons l'édition de Gerson la plus complète et la plus savante, parue à Anvers, en 1706.

Les critiques ont également gardé le silence sur l'hypothèse que je discute; ainsi Possevin (1), Bellarmin (2), Cave (3), Oudin (4). Mais ce qui est plus grave, c'est que Trithème n'ait point mentionné cette traduction, ni le frère lui-même du chancelier dans le catalogue de ses œuvres qu'il dressa pour le moine Anselme (5).

Enfin nous pouvons surprendre la confusion commise par ce témoin unique et son erreur. Voici ce que je lis dans l'*Introduction* (6) au livre de l'*Internelle consolation*, publié par MM. L. Moland et Ch. d'Héricault : « Saint Bonaventure, dit Gerson, en parlant de ce dernier traité (le *Stimulus amoris*), recommande, pour aller à Dieu, la voie tracée par saint Bernard et par Jésus-Christ lui-même : « Si a pour soy Jhesucrist «qui ainsi le dit et qui se nomme voye, vérité et vye : voye par «laquelle on doit cheminer, vérité qui le cheminant doit enlu-«miner, vye qui le doit soutenir, nourrir et remunerer. Je voul-«droye bien, ajoute Gerson, que ce livre vous fust translaté en «franchois, car je le juge très prouffitable. »

« Ce vœu ne tarda pas à être exaucé : une traduction de l'*Aiguillon d'amour divin* est datée, en effet, dans le manuscrit original de l'année 1406. Sur le premier feuillet de ce manuscrit (7275, anc. fonds, B. Imp.), on lit ces mots : «Apar-«tient ce dit livre à treshaulte et poissant dame Marie fille de «tresredoubté prince Jehan duc de Berry fils de roy de France. «Et le fist escripre par grant diligence frère Symon de Courcy «cordelier, confesseur de ladite dame.» Ce Simon de Courcy se désigne clairement dans le prologue comme le traducteur du traité de saint Bonaventure : « Le attribuant après Dieu au de-«vot Bonne Adventure, dit-il, non pas moins priant pour moy

----

1) *Apparat. sac.*, I, pp. 882-888.
(2) *De script. eccl.*, p. 371.
(3) *Sæculum Synodale*, pp. 71-72.
(4) *Comment.*, t. III, col. 2268-2285.
(5) Dans Possevin, *Appar. sac.*, t. I, p. 883.
(6) Pag. L et LI.

« tres indigne translateur et administrateur de cette présente
« doctrine..... Mais tu, ô ma treschiere fille de moy comme in-
« digne confesseur tres affectueusement desirant et sans doubte
« esperant ta perfection spirituelle, reçoips devotement ce petit
« don *Eguillon d'amour divine* appelé. »

Gerson avait donc désiré la traduction du *Stimulus amoris* :
le cordelier Simon de Courcy la fit ; et ce fut là l'origine de la
confusion commise par les éditeurs du xve siècle. Mais Gerson
et Simon de Courcy attribuèrent l'œuvre à saint Bonaventure ;
ils n'eussent pas commis cette méprise, si Henri de la Balme
l'eût composé : car il n'eût pu le composer qu'à une date très
rapprochée de l'année de la traduction, si tant est qu'il l'ait
pu avant.

Il ne me reste plus qu'à résoudre deux objections qui pour-
raient m'être opposées et au-devant desquelles je m'empresse
d'aller.

Quatre témoignages sont, en effet, favorables ou à peu près à
Henri de la Balme, d'abord ceux de deux des incunables cités
plus haut, puis un manuscrit mentionné par Montfaucon(1), enfin mon propre manuscrit, dont je rappelle le *Prologue* : *Prologus in librum qui dicitur Stimulus amoris in pium Jhesum
Christum quem compilavit frater Henricus de Balma, ordinis
fratrum minorum.* Le témoignage de ce prologue, peut-on me
dire, doit être retenu ; il faut en tenir compte : car, outre qu'il
est assez voisin de Henri de la Balme, mort en 1439, de deux
choses l'une : ou bien ce *Prologue*, écrit avant 1484, reproduit
une opinion assez répandue ; et alors écarter ce témoignage, c'est
écarter une source d'information sérieuse ; ou bien l'auteur
de ce *Prologue* crut avoir une certitude entière ; qu'il fut mineur ou simple séculier, il n'aurait pas, dans le cas contraire,
hésité par respect pour saint Bonaventure à mettre ce traité
sous son grand nom ; et ce témoignage raisonné mérite une
sérieuse considération.

La suite du *Prologue* me fournit la réponse à chacune des
deux parties du dilemme : *Quem dicunt aliqui [compilatum
per] Bonaventuram ordinis minorum.* Donc le sentiment de
l'auteur de cet en-tête du *Prologue* n'était point aussi raisonné, et dès lors aussi sûr que cela paraît tout d'abord. L'opinion qu'il suivit était fort indécise, rien moins que certaine.
Ce *Prologue* nous place en présence d'un sentiment vague,

____

(1) *Biblioth. manusc.*, t. I, 687 B.

flottant, sans consistance ; il ne peut affaiblir la raison posi-
tive prise de la traduction du *Stimulus amoris* en 1406, et des
caractères intrinsèques qui en placent la rédaction dans la seconde moitié du XIVe siècle.

La seconde difficulté a moins de force encore. On peut la
soulever, en essayant d'établir un point d'attache entre le
Stimulus amoris et le *Liber de mystica Theologia* attribué par
plusieurs à Henri de la Balme. Ce point d'attache, dit-on,
existe, en dépit des différences de procédé des deux traités.
L'érudition patristique et scripturaire est sans doute plus abon-
dante dans le *Liber de mystica Theologia* que dans le *Stimulus
amoris*. Mais cela s'explique par la différence même d'objet et de fin. L'auteur du *Livre de la Théologie mystique* dé-
clare ainsi son intention : *In hoc ego præsenti opere, quod a
me ad declarandum B. Dionysii Mysticam Theologiam con-
scribitur, est præsens intentio ostendere, theoricam ibi inclusam,
quomodo anima creatori suo inhæreat, et ipsi efficacius veluti
dilecta dilectissimo radicaliter uniatur* (1). Il prétend, en effet, donner les règles des trois voies de la vie spirituelle, ap-
pelées par les mystiques la voie purgative, la voie illuminative,
la voie unitive. Ce traité devait donc avoir un caractère didactique ; il l'a, en effet, à la manière un peu confuse et dans
le mauvais goût du XVe siècle.

Voici maintenant l'occasion et le but du *Stimulus amoris*
d'après le *Prologue* déjà cité : *Ad tuum igitur amorem,
[Domine,] erectus*, dit l'auteur, *amici prece inductus, zelo in-
terno coactus, qualiter quisque se studiose quærere debeat,
qualiter possit ad te accedere, et strictis tenere amplexibus
quibusdam meditationibus declamare præsumam*. Ce traité
devait donc avoir un caractère plutôt pieux que doctrinal et
didactique. En fait, il met, pour ainsi dire, l'âme chrétienne
en action : elle parle ; elle s'adresse au Sauveur ; elle lui exprime
tous ses sentiments ; chaque page est remplie d'exclamations
dévotes, et une prière fort touchante termine plusieurs
chapitres.

La différence des procédés s'expliquerait donc. Le point
d'attache pourrait maintenant s'établir de deux manières.
D'abord on rouve dans les deux traités les mêmes défauts,
bien qu'à un degré plus grave dans la *Théologie mystique :*
dans l'un comme dans l'autre, prolixité, vulgarité, abus du

(1) *S. Bonaventuræ opera*. Ed. de Lyon, t. VII, p. 672, col. 2.

sens anagogique. Ensuite, l'un et l'autre sont sortis de la famille de saint François. Pour le *Stimulus amoris*, c'est certain. Quant au *Livre de la Théologie mystique*, c'est plus certain encore : car on peut contester l'authenticité du *Prologue du Stimulus amoris* qui l'établit, tandis qu'il faut garder ce passage du *Livre de la Théologie mystique : Postea cogitet in speciali, quæ sibi, non omnibus aliis, pater totius consolationis contulerit, quem maxime ad religionem fratrum minorum divina clementia provocavit* (1). Ainsi ce passage écarte l'opinion des éditeurs de Rome, qui attribuaient à un chartreux le *Livre de la théologie mystique*. Or, des critiques fort sérieux, comme Wadding, Oudin, voient dans Henri de la Balme l'auteur de la *Théologie mystique*, il est donc également l'auteur du *Stimulus amoris*.

On avouera d'abord que l'attache entre ces deux traités est bien faible. Il faudrait ensuite démontrer que le *Stimulus amoris* est postérieur au xive siècle. De plus, la communauté des défauts s'explique de soi, puisque ce sont les défauts d'une époque et non d'un auteur. Enfin il faudrait établir que le *Livre de la Théologie mystique* fut composé par un mineur et non par un chartreux. Je demande la permission de dire un mot du débat soulevé sur ce dernier point.

Les Chartreux de Cologne insérèrent parmi les opuscules de Denys le Chartreux le *Liber de Theologia mystica* sous le titre différent de *De triplici via ad sapientiam et divinorum contemplationem*, quand ils donnèrent, en 1534, l'édition des œuvres de ce théologien bien connu ; ils le publièrent sous le nom du chartreux Henri de la Balme, mort en 1205 d'après Dom Lecouteulx, du xve siècle d'après Fabricius ; et la seconde édition de Denys le Chartreux parue à Munich, en 1603, le mit sous le même nom. Mais Wadding (2) défendit ardemment l'opinion des Mineurs, qui, en général, l'attribuaient à saint Bonaventure ; car le passage cité tout à l'heure et regardé par eux comme authentique prouvait que l'ouvrage était sorti de l'Ordre franciscain ; et quel autre mineur, sinon saint Bonaventure, aurait pu le composer ? Les Mineurs qui préparèrent l'édition de saint Bonaventure de Venise (1751), donnèrent cependant raison aux Chartreux. Ils publièrent ce traité d'après un manuscrit assez ancien, qui, au lieu du passage cité tantôt,

____

(1) Ed. De Lyon, t. VII, p. 660, col. 1.

(2) *Syllab. script. ord. Min.* p. 80.

portait : *Quem maxime ad religionem Carthusiensis ordinis divinâ clementia provocavit* (1).

Un peu plus bas, on lisait encore : *Tertio recolat illud, ad quod vocatur : quia non ad regulam beati Augustini vel Benedicti, Redemptoris nostri gratia, provocavit, sed ipsam sacratissimam quam ipsemet elegit, quando ductus est in desertum, ubi quadraginta diebus et noctibus jejunavit, et precursor, suus ipse instituit, ipsam in seipso servans, et nobis servandam monstravit.* Déjà, l'édition de Denys le Chartreux de Cologne (1534) et celle de Munich (1603) avaient adopté cet autre passage : *In tantum aliis regiminibus regula sublimior, in quantum doctrinam humanam divinum eloquium præexcellit.* L'auteur du *Livre de la Théologie mystique* appartenait donc à l'Ordre des Chartreux, auquel seul un tel langage peut convenir.

Une note du catalogue XL de M. Ludwig Rosenthal, de Munich, paru récemment, confirme cette conclusion. Voici ce que l'on lit au n° 1025, p. 66 : «(*Palma Hugo de Grd. Carth.*) *Liber de triplici via ad Deum* (*Hugonis de Palmâ Carthus. vel Henrici de Palma*). *Notulæ de signis amoris extatici. Incipit prologus in quamdam glosulam moralem Petri Blesensis super Job ad Henricum regem Angliæ. Ex regula beatæ vitæ de Passione Domini.* — *Cod. memb. sæcul. XV. Petit in 8°, rel. en bois.*» Le rédacteur du catalogue a ajouté cette indicaton : «Le premier traité a été imprimé 1534 (à Cologne) d'après ce manuscrit même. Un des ouvrages attribués à Denys le Chartreux suivant une note sur la première page. Une autre note également au bas de la première page du second traité de Pierre de Blois, indique la provenance de ce recueil, qui a appartenu à la Chartreuse de Cologne : *Iste liber est Carthusiæ in Colonia.*»

D. Stanislas Marie-Autore, religieux de la Chartreuse de Mougères (Hérault), auquel je dois cette communication et qui a réuni les éléments principaux d'une histoire littéraire de son ordre dans un travail considérable que j'ai eu l'avantage de consulter, pense que le *Liber de Theologia mystica* est dû à un chartreux, et par conséquent à Hugues de la Balme. Je me permets de ne pas le suivre jusque-là, à moins que Hugues de la Balme ne soit du xiv° siècle, époque à laquelle ce livre me paraît avoir été composé. Mais on peut admettre, et j'admets sur la foi du manuscrit de la librairie Rosenthal, qu'il est dû à la plume d'un chartreux.

(1) Pars II, ap. I.

Dès lors Henri de la Balme ne peut en être regardé comme l'auteur : il n'existe aucun point d'attache entre le *Liber de Theologia mystica* et le *Stimulus amoris*. Ma conclusion que Henri de la Balme n'est pas l'auteur du *Stimulus amoris*, si mes raisons sont solides, doit être admise.

IV

Quel est donc l'auteur du *Stimulus amoris* ?

On me pardonnera de ne pas pousser plus loin mes recherches. Autrement, je m'exposerais, et sans utilité probablement, à émettre mille conjectures, avec le danger de me perdre à travers les obscurités du xive siècle. Le *Stimulus amoris* sera publié dans l'édition nouvelle, parmi les opuscules de saint Bonaventure ; j'aime mieux dire de suite quel intérêt mon manuscrit présente à ce point de vue. Ce sera la conclusion vraiment utile de cette étude.

J'énonce d'un mot l'intérêt très réel qu'il offre : le texte de mon manuscrit est plus correct que le texte imprimé dans les différentes éditions de saint Bonaventure depuis la fin du xve siècle, y compris l'édition de Rome, base de l'édition actuelle ; il doit donc être consulté et suivi, à défaut d'un autre texte plus ancien ou meilleur.

On comprendra que je ne relève point ici toutes les variantes ; elles sont nombreuses ; elles m'entraîneraient très loin. Quelques exemples suffiront amplement à montrer l'intérêt du manuscrit et son prix.

1. Des trois *Prologues* insérés dans l'édition de Rome, le manuscrit ne donne que le premier : je l'ai reproduit plus haut (1) dans toute son intégrité. Comme je l'ai laissé entendre, je ne défends point l'authenticité des deux autres, écrits dans un style sensiblement différent. De plus, le premier prologue imprimé, celui du manuscrit, a été visiblement interpolé. Le passage : *Qui vult habere saporem amoris, etc.,* jusqu'à la fin, a été certainement ajouté après coup : c'est une répétition inutile et fade de ce qui précède. Le manuscrit ne donne point ce passage.

2. Le livre premier du traité n'a pas plus de matière dans le manuscrit que dans l'imprimé ; mais il compte dix-sept cha-

<hr>

(1) Voyez plus haut.

pitres au lieu des quinze qui sont dans l'imprimé. La division en dix-sept chapitres est plus logique et préférable.

3. Je lis dans le texte imprimé : *Si enim Dei filius voluit tanto charitatis fervore sic vilissimos cineres sibi unire, quanto avidius deberet unusquisque ad recipiendum ipsum, devotissime cor suum recipere* (1)? La leçon *recipere* à la fin de cette phrase est certainement mauvaise, puisque la phrase avec ce mot ne présente aucun sens. La faute est évidente. Dans le manuscrit on lit en effet : *cor suum aperire* (2).

4. Je lis encore dans le texte imprimé : *Quasi castrum fortissimum cor suum custodit, ut non solum nociva, sed etiam otiosa, vel infructuosa permittat ibi rogari* (3).

Le manuscrit corrige ici une faute qui saute aux yeux. *Quasi castrum fortissimum,* dit-il, *cor suum custodit ut non solum nociva, sed nec etiam otiosa, vel infructuosa permittat ibi vagari* (4).

5. Texte imprimé : *Primo studeat, qualiter possit vel quantum potest, se vilissimum reputare, et indignum omni beneficio Dei* (5).

Texte manuscrit : *Primo studeat quantum possit se vilissimum reputare et indignum omni beneficio Dei* (6). Le *vel quantum potest* du texte imprimé est inutile.

6. Les éditeurs de Rome détachèrent l'avant-dernier chapitre de la seconde partie consacré aux dispositions du prêtre avant de célébrer la messe, et le publièrent à part, comme un opuscule distinct (7). Or ce chapitre est également l'avant-dernier dans le manuscrit (8) ; il a là sa place naturelle ; il convient de l'y laisser.

La même observation s'applique au dernier chapitre : *Petitio ad excitandum cor in amorem dulcissimi Jhesu.*

7. Texte imprimé : *Quia cor contemplantis non cessat, sive cessare non debet investigare, quomodo sui creatoris amore amplius inardescat, proposui balbutiens ad hoc inducere aliquod inductivum* (9).

(1) Ed. de Lyon, t. VII, p. 193, col. 1.
(2) Ms. f° 2 A.
(3) Page 200, col. 1.
(4) F° 19 A.
(5) Page 210, c. 1.
(6) F° 42 B.
(7) Ed. de Lyon, t. VII, p. 71, ou p. 218.
(8) F° 62 B.
(9) T. VII, p. 210, col. 2.

Texte manuscrit : *Quia cor contemplantis non cessat, sive cessare non debet investigare, quomodo sui creatoris amore amplius inardescat, proposui balbuciendo ad hoc inducere aliquid inductivum* (5).

8. Texte imprimé : *In ascensu autem montis spiritualis, quia spiritualis promptus est, contrarium requiritur, ut scilicet non quiescat spiritus, sed dum fatigatur tunc ascendere debet velocius* (6).

Texte manuscrit : *Sed in ascensu montis spiritualis, quia spiritus promptus est, contrarium requiritur, ut scilicet non quiescat spiritus; sed dum fatigatur, tunc ascendere debet velocius* (7).

9. Le chapitre IV du livre IIIᵉ est plus étendu dans le manuscrit que dans l'édition de Rome de deux phrases, qui achèvent la pensée et fort agréablement.

10. Le chapitre XVII de ce même livre, consacré à l'explication du *Pater noster*, est coupé en deux dans le texte imprimé (8), tandis qu'il forme un seul chapitre dans le manuscrit (9). Cette dernière disposition paraît plus logique : pourquoi deux chapitres pour développer un même thème ?

11. Le dernier chapitre de tout l'ouvrage, qui est un coup d'œil jeté sur la Jérusalem céleste et une invitation à louer Dieu, présente dans le manuscrit des variantes qui témoignent d'une rédaction plus soignée.

J'arrête là ces observations et ces indications. Encore une fois, je pourrais les multiplier beaucoup ; plusieurs porteraient sur des points assez graves, quelques-unes sur des points de moindre importance, mais qu'on ne peut négliger, quand il s'agit de bien établir un texte. Il me semble aussi que la ponctuation de l'imprimé devra être sérieusement revue, et considérablement retouchée ; le manuscrit aiderait pour mener ce travail à bonne fin.

(5) Fᵒ 44 B.
(6) T. VII, p. 220, col. 1.
(7) Fᵒ 70 A-B.
(8) T. VII, p. 228, col. 2, et p 231, col. 1.
(9 Fᵒ 91 B à fᵒ 98 B.

10067. — Tours, imp Rouillé-Ladevèze, rue Chaude, 6.

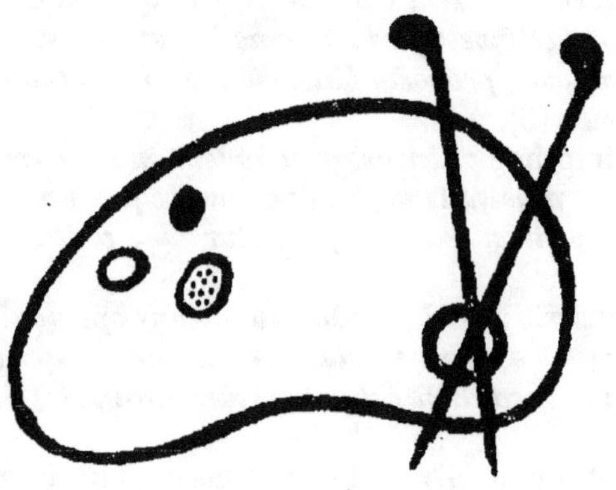

Original en couleur

NF Z 43-120-8